Cahier d'activités

Hugues Denisot
Catherine Macquart-Martin

hachette
FRANÇAIS LANGUE ÉTRANGÈRE

hachettefle.fr

Couverture : Encore lui !

Adaptation maquette et mise en page : Valérie Goussot

Illustrations : Audrey Gessat et Laurent Lalo

Secrétariat d'édition : Cécile Schwartz

ISBN : 978-2-01-155651-6

SOMMAIRE

Bonjour Paris !

Livre de l'élève

p. 6-7

 Observe et complète.

1. Comment il s'appelle ?

MAX

Il ....

2. Comment tu t'appelles ?

?

Colle ta photo !

Je ....

2 **Complète les bulles.**

Bonjour Paris ! – Comment tu t'appelles ? – Au revoir ! – Salut les amis !

Comment tu t'appelles ?

1

2

3

4

3 Observe et choisis la bonne ville et le bon pays.

Athènes / La Grèce

New York / Les États-Unis

Paris / La France

~~Londres / La Grande-Bretagne~~

1

2

Londres / La Grande-Bretagne

....

3

4

....

4 Observe et écris les nombres.

~~quatre~~ – deux – cinq – neuf – sept – six

1

quatre

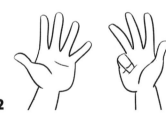

2 ....

3 ....

4 ....

5 ....

6 ....

UNITÉ 1 QUI EST-CE?

situations
Livre de l'élève
p. 10

1 Tu comprends ?

Associe.

1. Qui est-ce ? •   • **a.** Tu comprends vite !

2. Comment tu t'appelles ? •   • **b.** écoutez !

3. Bravo Max ! •   • **c.** C'est Max !

4. Les enfants, chut, •   • **d.** Il est anglais.

5. Voici Max ! •   • **e.** Moi, je m'appelle Youssou.

Super club !
Livre de l'élève
p. 10

2 Tu connais la chanson ?

Complète « La gym de l'alphabet ».

6 SIX

ivre de l'élève

p. 11

③ Le verbe « s'appeler »

Complète les bulles.

Je m'appelle – Il s'appelle – tu t'appelles – Elle s'appelle

Comment
. . . . ?

1

. . . . Sélim.

. . . . Maria.

2

. . . . Rémi.

3

④ Les sujets « je », « tu », « il », « elle »

Associe pour faire une phrase.

1. Il   •   •   **a.** t'appelles Léa.

2. Je   •   •   **b.** m'appelle Youssou.

3. Elle   •   •   **c.** s'appelle Thomas.

4. Tu   •   •   **d.** s'appelle madame Lafleur.

⑤ Conjugue !

Complète avec le verbe « s'appeler » et les prénoms de tes amis.

1. *Je m'appelle* . . . .

2. *Tu* . . . .

3. *Il* . . . .

4. *Elle* . . . .

Livre de l'élève

p. 11

6 Tu connais les mots ?

Mets dans l'ordre pour retrouver les mots.

1. estC'enu ennob eédi ! ➜ *C'est une bonne idée !*

2. voBra ! ➜ ....

3. estC'persu ! ➜ ....

4. uT prendscom tevi. ➜ ....

7 Qu'est-ce que c'est ?
Relie les lettres de A à Z.

C'est la

_ _ _ _

_ _ _ _ _ _ !

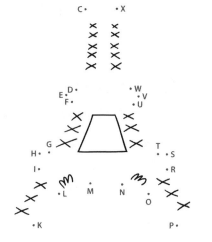

Livre de l'élève

p. 12

8 U ou OU ?
Classe les mots sous le bon geste.

salut – tu – Youssou – Luc – bonjour – écoutez – douze – super

Coin lecture !

ivre de l'élève

p. 12

9 Lis !

> Salut !
> Je m'appelle Manu.
> Je comprends l'espagnol,
> l'anglais et l'arabe. Mon école s'appelle
> l'école Rafael-Nadal. Je comprends
> un peu le français. Mon ami s'appelle
> Juan. Il ne comprend pas l'anglais.
> Au revoir !
> Manu

Vrai (V) ou faux (F) ?

1. Il s'appelle Manu.   V / F

2. L'école s'appelle
Zinédine-Zidane.   V / F

3. Juan est l'ami de Manu.   V / F

4. Juan comprend l'anglais.   V / F

10 Écris !

Complète la lettre en parlant de toi.

> . . . . !
> Je . . . . comprends . . . .
> Mon école . . . .
> Je . . . . un peu le français.
> Mon . . . .
> Il/Elle ne comprend pas . . . .
> Au . . . . !
> . . . .

Prépare ta mission !

1. Présente-toi.

Je m'appelle . . . .

2. Présente trois amis.

C'est un ami. Il s'appelle . . . .

C'est une amie. Elle s'appelle . . . .

C'est . . . .

ivre de l'élève

p. 13

Salut les amis ! 1

UNITÉ

2 MA TROUSSE

situations

Livre de l'élève

p. 14

1 Pour communiquer

Complète les bulles.

Qu'est-ce que c'est ? – Tu peux répéter ? – Bien sûr ! Voilà ! – Tu peux me prêter un stylo, s'il te plaît ?

Je m'appelle Archimède.
1
2
3

Super club !!

Livre de l'élève

p. 14

2 Tu connais la récitation ?

Complète « Dans ma trousse ».

colle

c'est facile

gomme

cartable

oui

pour

trousse

stylo

Dans un  . . . . , il y a des cahiers,

un livre, une  . . . .

Et dans une trousse ?

– Dans une trousse, il y a un  . . . .

pour écrire

– . . . . !

– Une  . . . . pour gommer

– Oui !

– Un crayon... . . . . dessiner

– Euh... Oui !

– Des ciseaux... pour découper

– Oui ?

– Un tube de  . . . . pour coller

– Oui ! . . . . !

livre de l'élève
p. 15

③ Les articles indéfinis « un », « une », « des »

**Colorie les parties du cercle avec le code de couleurs
(masculin = bleu, féminin = orange, pluriel = vert).
Puis classe les mots dans le cercle.**

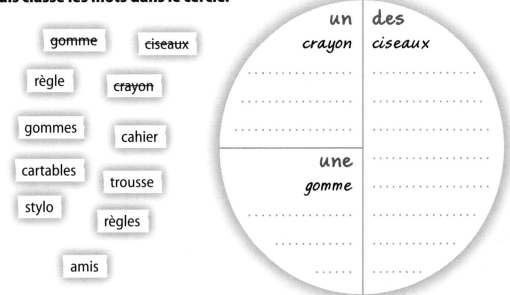

~~gomme~~   ~~ciseaux~~

règle   ~~crayon~~

gommes   cahier

cartables   trousse

stylo   règles

amis

un | des
crayon | ciseaux

une
gomme

④ Masculin, féminin, singulier, pluriel ?

A. Colorie et découvre les objets cachés.

a = noir   **d** = rouge

b = jaune   **e** = bleu

c = marron   **f** = orange

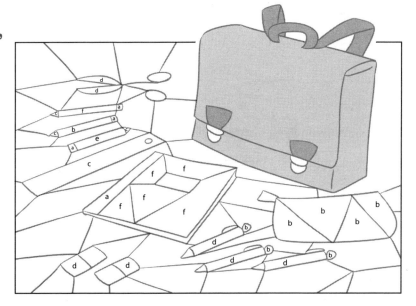

B. Complète avec les objets trouvés puis associe.

1. un *cartable* ●

2. des .... ●

3. des .... ●

4. une .... ●

5. des .... ●

6. un .... ●

7. une .... ●

8. des .... ●

a. masculin singulier

b. féminin singulier

c. masculin pluriel

d. féminin pluriel

5 Le matériel et les couleurs

A. Entoure le matériel (5 mots) et les couleurs (4 mots) cachés dans la grille (→, ↓ ou ←).

R	E	G	L	E	U	A	B
O	L	Y	T	S	D	V	E
U	F	J	A	U	N	E	G
G	O	M	M	E	H	R	I
E	S	S	U	O	R	T	J
C	I	S	E	A	U	X	K
L	M	B	L	E	U	N	O

B. Recopie les mots dans l'ordre alphabétique.

Bleu, ...

....

....

6 Les nombres

Retrouve le nombre caché. Écris en lettres puis en chiffres.

1. zetrei   *treize*   *13*

2. tpes-xid   ....

3. zetorqua   ....

4. zequin   ....

5. xid-tuih   ....

6. nfeu-xdi   ....

7 U ou OU ?

Complète.

1. La tr....sse de Y....ss.... est r....ge.

2. Sal....t Man....! C'est s....per!

Coin lecture !

ivre de l'élève

p. 16

8 Lis !

Lis les problèmes de mathématiques et réponds aux questions.

1. Max a 10 euros. Il veut deux stylos, un crayon et une gomme.
Il peut payer ?

a. Oui.

b. Non.

2. Manon a 8 euros. Elle veut un livre et deux gommes.
Elle peut payer ?

a. Oui.

b. Non.

9 Écris !

Invente un problème.

. . . . a . . . . euros.

. . . . veut . . . . ,

. . . . et . . . .

. . . . peut . . . . ? . . . .

Ta MISSION

Livre de l'élève

p. 17

Prépare ta mission !

• Dans ma trousse, il y a :

. . . . crayon(s)

. . . . stylo(s)

. . . . ciseaux

. . . . règle(s)

. . . . gomme(s)

• Dans la trousse de . . . . , il y a :

. . . . crayon(s)

. . . . stylo(s)

. . . . ciseaux

. . . . règle(s)

. . . . gomme(s)

1 Code secret

Décode le message de Max. (Utilise le décodeur p. 48.)

6509 4IWI ? 8S9OV !

....

2 Devine !

Qu'est-ce que c'est ?

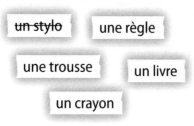

~~un stylo~~   une règle

une trousse   un livre

un crayon

1. Qu'est-ce que c'est ?

C'est un stylo.

2. Qu'est-ce que c'est ?

C'est une ....

3. Qu'est-ce que c'est ?

C'est ....

4. Qu'est-ce que c'est ?

....

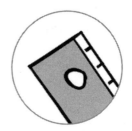

5. Qu'est-ce que c'est ?

....

3 Le jeu des erreurs

1. Barre les cinq erreurs.

Max est français. Il a six amis : Léa, Yussu, Manon et Thomas. Il est à l'école à Athènes. Le professeur s'appelle madame Lafleur. Max a une trousse de survie en français.

2. Recopie le texte sans les erreurs !

....

....

....

Bravo ! Tu es super rapide !

MON KIT DE SURVIE !

1

À TOI !!

Pour t'aider à préparer ta présentation...

Livre de l'élève

p. 19

projet

1 La présentation de Max

Max prépare la présentation de son kit de survie. Observe !

Voici la présentation de Max :

① ② ③ ④

Salut ! Je m'appelle **Max**. Je suis **anglais**. Voici **mon kit de survie en français**.

⑤ ⑥ ⑦

C'est **une boîte** avec **dix phrases**. Par exemple, « **Comment on dit en français ?** »

⑦ ⑧

« **Je n'ai pas mon stylo.** »… Mon kit s'appelle « **Aide-moi !** ».

2 Fais comme Max, prépare ta présentation !

Complète les cases 1, 2, 3, 6, 7 et 8.

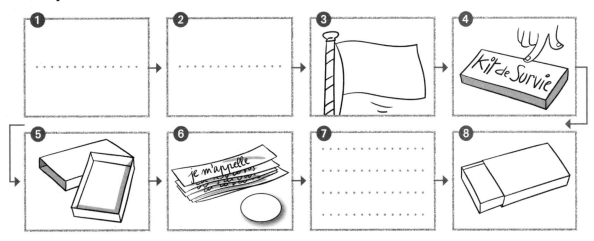

Bravo ! Tu peux présenter ton kit de survie !

situations

Livre de l'élève

p. 24

1 Tu comprends ?

Associe les dessins et les bulles.

1 • 2 • 3 •

a • b • c •

> Qu'est-ce que tu fais ?
>
> Je remplis un bulletin d'inscription.

> Sexe : féminin.
>
> Non, tu es un garçon !

> Qui peut dire le nom d'un super héros ?
>
> Moi, madame, Super Max !

Livre de l'élève

p. 24

2 Tu connais la récitation ?

Complète « Moi aussi ».

 ?

Comment tu t'appelles ?

ici

– .... ?

je m'appelle

– Moi aussi. Tu as quel âge ? ?

Léo

– ....

onze ans

.... ?

j'habite

– Moi aussi. Tu habites où ? ?

et toi

– ....

j'ai

.... ?

– Là-bas !

ivre de l'élève

p. 25

3 **Tu connais les verbes ?**

Souligne le verbe puis donne le nom du verbe.

Exemple : Je m'appelle Pierre. → s'appeler

1. Elle s'appelle Alice. → ....

4. Tu es grec. → ....

2. Il est super ! → ....

5. Tu t'appelles Maria ? → ....

3. Je suis français. → ....

6. Elle est géniale. → ....

4 **Le verbe « être »**

Barre la forme incorrecte.

Exemple : Je suis / ~~est~~ dans la classe.

1. Elle *es / est* géniale en français.

3. Je *es / suis* génial en football.

2. Tu *es / est* génial en grammaire !

4. Tu *es / suis* super !

5 **Conjugue !**

Complète avec des prénoms de ta classe et le verbe « être ».

1. *Moi,* ....*, je* .... *super !*

2. ....*, tu* .... *mon ami(e).*

3. ....*, il* .... *génial.*

4. ....*, elle* .... *géniale.*

6 **Les articles définis « le », « la », « l' », « les »**

Colorie les parties du cercle avec le code de couleurs. Puis classe les mots dans le cercle.

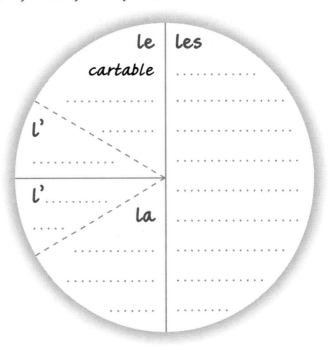

 7 **Tu connais les mots?**

A. Associe.

1. l'affiche • • **a.**

2. *thomas* • • **b.** le héros

3. la fille • • **c.**

4. • • **d.** le prénom

5. les amis • • **e.**

6. • • **f.** le professeur

B. Associe les mots par deux.

| la fille | ~~merci~~ | l'école | le garçon | l'affiche | le nom | le poster |

| le stylo | la trousse | la classe | le prénom | ~~s'il te plaît~~ |

1. *s'il te plaît* / *merci* 4. .... / ....

2. .... / .... 5. .... / ....

3. .... / .... 6. .... / ....

8 **A ou OI?**

Classe les mots sous le bon geste.

moi – Manon – toi – pas – d'accord – trois – voici – âge

 9 Lis !

Lyon, le 10 octobre

Madame,

Pour l'inscription à la bibliothèque, voici la liste alphabétique des élèves de la classe de CM2 de l'école Albert-Einstein, 11 rue Édith-Piaf.
Merci.

Cordialement,
Monsieur Lerouge,
Professeur de CM2

Nom	Prénom	Sexe	Âge
Al Aufi	Zineb	F	11
Aubert	Marie	F	11
Breton	Léo	M	11
Caron	Matthias	M	12
Couderc	Alice		

Vrai (V) ou faux (F) ?

1. Le professeur s'appelle Albert Einstein. V / F

2. Zineb est un garçon. V / F

3. Léo a 11 ans. V / F

 **10 Écris !**

Choisis un élève de monsieur Lerouge et remplis sa carte de bibliothèque.

> **Bibliothèque municipale de Lyon**
>
> Nom : ....
>
> Prénom : ....
>
> École : ....
>
> Classe* : CP – CE1 – CE2 – CM1 – CM2
>
> Adresse de l'école : ....
>
> Professeur : ....
>
> *Entourer la classe.

TA MISSION

Prépare ta mission !

Remplis ton bulletin d'inscription au concours.

Concours

1.

Je suis un super héros

Le poster de ton super héros

Remplis vite le bulletin d'inscription !

Toi
★ Comment tu t'appelles ?
Ton prénom : . . . .
Ton nom : . . . .

★ Sexe :
☐ Masculin (*Tu es un garçon.*)
☐ Féminin (*Tu es une fille.*)

★ Quel âge as-tu ?
Tu as :
☐ 10 ans
☐ 11 ans
☐ 12 ans
☐ autre (préciser) . . . .

Ton école
★ Comment s'appelle ton professeur de français ?
. . . .

★ Quelle est ta classe ?
. . . .

★ Comment s'appelle ton école ?
. . . .

★ Quelle est l'adresse de ton école ?
. . . .

Merci pour ton inscription et bonne chance !
Marie-Pierre Lambert / Hachette

UNITÉ 4 CHEZ MOI

situations

Livre de l'élève
p. 28

1 Tu comprends ?

Écris cinq phrases avec les étiquettes.

| En France, | pas d'animaux. | habite | a | En français, | il y a |

| dans un appartement. | des fourmis. | Max | Manon | Je n'ai |

| un jardin. | l'homme chauve-souris. | Dans un jardin, | ça veut dire |

1. ....

2. ....

3. ....

4. ....

5. ....

Livre de l'élève
p. 28

2 Tu connais la chanson ?

Complète « Le rock'n roll des animaux ».

lapins

chiens

souris

jardin

nuit

poissons

oies

lit

maison

chats

Dans ma 🏠 ...., il y a des 🐟 ....,

des 🐕 ...., des 🐱 ....

Il y a même des 🐭 .... qui s'amusent

sous mon 🛏 .... !

C'est le rock, rock, rock'n roll des animaux !

Dans mon 🌿 ...., il y a des 🐰 ....,

des poules, des 🦢 ....

Il y a même des chauve-souris qui s'amusent toute

la 🌙 ....

ivre de l'élève
p. 29

3 Le verbe « avoir »

Complète les phrases avec le verbe « avoir ».

1. J'.................... un chien.

2. Tu.................... un jardin.

3. Il.................... des chats.

4. Elle.................... des poissons.

4 Le verbe « avoir » à la forme négative

Mets les phrases à la forme négative. Souligne la négation.

Exemple : J'ai une souris. → *Je n'ai pas de souris.*

1. Tu as un jardin. → ....

2. Il a des chats. → ....

3. J'ai un chien. → ....

4. Il a des poissons. → ....

5. Tu as des lapins. → ....

5 Les adjectifs possessifs « mon », « ma », « mes »

**Colorie les parties du cercle avec le code de couleurs.
Puis classe les mots dans le cercle.**

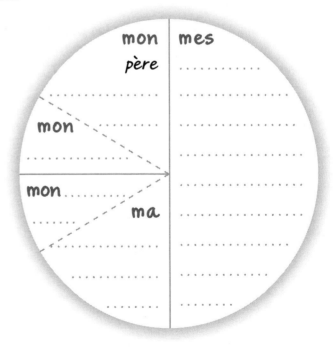

Livre de l'élève

p. 29

6 Tu connais les mots ?

A. Entoure les dix mots cachés dans la grille (→, ↓ ou ↗).

A	M	B	C	J	A	R	D	I	N	F
C	E	L	H	M	A	I	S	O	N	R
A	R	A	I	G	N	E	E	D	U	E
E	E	P	E	F	G	H	I	E	J	R
K	L	I	N	M	N	O	O	P	Q	E
R	O	N	C	L	E	S	S	T	U	V
A	P	P	A	R	T	E	M	E	N	T

B. Classe les mots dans le tableau.

Habitation	Animaux	Famille
un	mon	le ....
un	mon	la ....
une	mon	la ....
		les ....

C. Complète les phrases avec cinq mots du tableau.

1. En Angleterre, Max habite dans une ....

2. Manon a un ....

3. Max n'a pas d'.............................. . Il a un rat.

4. Max est fils unique : il n'a pas de .... et pas de ....

Livre de l'élève

p. 30

7 A ou OI ?

Complète.

1. Le ch....t de m.... grand-mère est dans le j....rdin.

2. Il y .... une ....e blanche et un r....t n....r dans mon ....pp....rtement.

3. Tu ....s tr....s c....hiers dans ton c....rt....ble.

Livre de l'élève
p. 30

 8 Lis !

> Bonjour Papy,
> À Toulouse, j'habite dans une grande maison avec ma mère et Lara, ma petite sœur.
> J'ai un jardin. J'ai un chat, Chacha, mais je n'ai pas de chien.
> Lara a une souris blanche. Elle s'appelle Mimie. Elle a une petite maison.
> Mon école est géniale et mes amis sont super.
> Au revoir !
> Bisous
> Nicolas

Lis la lettre de Nicolas et complète les réponses.

1. – Nicolas écrit à sa grand-mère ?

– *Non, il écrit à son* ....

....

2. – Comment s'appelle la sœur de Nicolas ?

– *Elle* ....

3. – Nicolas a un chien ?

– *Non, il* ....

....

4. – À l'école, Nicolas a des amis ?

– ....

 9 Écris !

Complète la lettre de Lara à son amie Julie.

> Bonjour ....,
> Maintenant, j'habite à .... avec ....
> et ....
> J'ai .... Elle s'appelle ....
> Au revoir !
> ....
> ....

 Ta Mission

Prépare ta mission !

Présente-toi comme Max : dis où tu habites et avec qui.

J'habite à ....

dans ....

avec ....

Livre de l'élève
p. 31

1 Code secret

Décode le message de Manon. (Utilise le décodeur p. 48.)

QVW USV05Q 5RQ 41W1 ?
7'5RQ 35W19Y !

....

....

2 Mots croisés

Complète la grille.

1. La mère de ma mère, c'est ma ....

2. L'animal de Max est un ....

3. Le chat n'est pas mon ami. Je suis un ....

4. C'est la sœur de ma mère. C'est ma ....

5. Il y a des fourmis, des araignées et des oiseaux dans mon ....

6. Tu es un garçon. Je suis ta sœur. Tu es mon ....

5↓ 6↓
1→ –
2→
3→
4→

3 L'intrus

Barre un mot.

1. Max – Lafleur – Harry – Benjamin – Elisabeth

2. une araignée – une fourmi – un chien – une école – un chat

3. un appartement – une caravane – un jardin – un château – un igloo

Bravo ! Tu es super rapide !

LE POSTER DE MON SUPER HÉROS 2

À TOI !!

Pour t'aider à préparer ta présentation...

Livre de l'élève

p. 33

projet

1 La présentation de Manon

Manon prépare la présentation de son super héros. Observe !

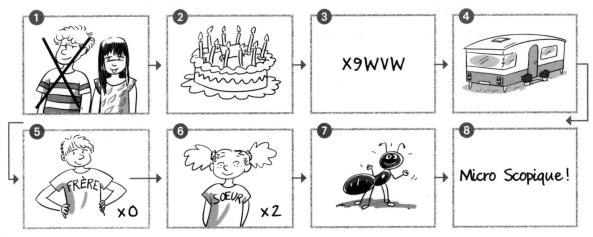

Voici la présentation de Manon :

        1   **2**   **3**

Mon super héros est **une fille**. Elle a **dix ans**. Elle s'appelle **X9WVW**.

        4   **5**   **6**

Elle habite dans **une caravane**. Elle **n'a pas de frère**. Elle a **deux sœurs**.

        7   **8**

Elle a **une fourmi**. Elle s'appelle **Micro Scopique** !

2 Fais comme Manon, prépare ta présentation !

Complète les huit cases.

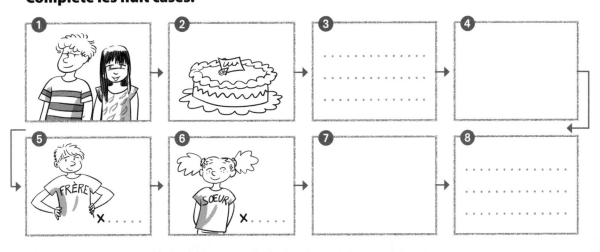

Bravo ! Tu peux présenter ton super héros !

UNITÉ 5 DES LUNETTES ?

situations

Livre de l'élève

p. 40

1 Tu comprends ?

Mets dans l'ordre pour faire une phrase.

1. de Marie-Pierre. Youssou la lettre lit

....

2. est prête la visite médicale. pour La classe

....

3. les petites lettres. Léa lire ne peut pas

....

4. ses vêtements. mettre Youssou peut

....

Super club !

Livre de l'élève

p. 40

2 Tu connais la chanson ?

Complète « Docteur, docteur ! ».

aux pieds

aux dents

aux bras

au cœur

docteur

au nez

à la jambe

aux yeux

Youssou n'a pas mal  .... !

Il a mal .... !

Poil .... !

Thomas n'a pas mal .... !

Il a mal .... !

Poil .... !

Léa n'a pas mal .... !

Elle a mal .... !

Poil .... !

Et moi, ..., ... !

J'ai mal .... !

vre de l'élève
p. 41

❸ Les verbes en « -er »

Entoure la terminaison puis trouve le verbe.

Exemple : tu dessines → dessiner

1. je montre → ....

3. il dessine → ....

2. tu ne mesures pas → ....

4. elle ne regarde pas → ....

❹ La forme affirmative et la forme négative

Complète les verbes à la forme affirmative. Puis mets à la forme négative.

Forme affirmative (« oui »)	Forme négative (« non »)
Exemple : Je montre le dessin.	*Je ne montre pas le dessin.*
1. Tu regard..... mon dessin.	....
2. Il parl..... anglais.	....
3. J'habit..... avec mon père.	....
4. Elle dessin..... mon chat.	....
5. Tu dessin..... ta mère.	....

❺ Avoir mal « au », « à la », « à l' », « aux »

Colorie les parties du cercle avec le code de couleurs.
Puis classe les mots dans le cercle.

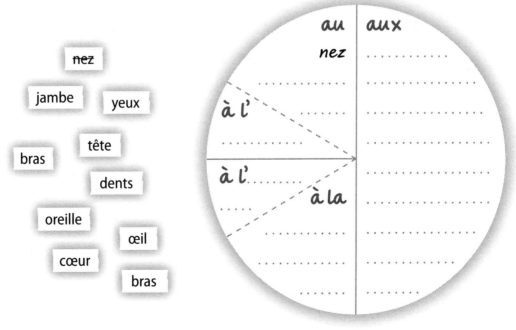

3 Mon portrait

Livre de l'élève

p. 41

6 Tu connais les mots ?

Écris où ils ont mal.

1. *Il a mal* .... **2.** *Il a* .... **3.** *Il* .... **4.** ....

....

7 Les nombres

Fais les opérations. Écris les nombres en lettres.

vingt et un
+ trente
_____
1. = ...

dix-huit
+ ....
_____
2. = *quarante-trois*

six
x neuf
_____
3. = ...

soixante-neuf
− quarante
_____
4. = ...

soixante-quatre
: huit
_____
5. = ...

Livre de l'élève

p. 42

8 AN ou ON ?

Classe les mots sous le bon geste.

dent – Manon – jambe – front – absent – mon – dans

AN	ON
....	....
....	....
....	....
....	....

Coin lecture !

vre de l'élève

p. 42

9 Lis !

Bonjour,

Je m'appelle Pablo.

J'ai une bonne vue mais je n'ai pas une bonne ouïe. Je n'entends pas bien et je ne parle pas. Je suis sourd et muet. Mon professeur m'aide. Il parle avec les mains. Moi aussi.

Voici le geste pour parler d'une araignée :

Au revoir !

Pablo

Vrai (V) ou faux (F) ?

1. Pablo n'a pas une bonne vue. V / F

2. Pablo parle avec sa bouche. V / F

3. Le professeur de Pablo parle avec les mains. V / F

4. Pablo montre le geste pour parler d'un animal. V / F

10 Écris !

Relis la lettre de Pablo et présente Sara.

Elle s'appelle Sara. Elle n'a pas ....

Elle n'entend pas bien et ....

Elle .... sourde et muette.

Elle parle ....

Voici le geste ....

OISEAU

....

Ta MISSION

Prépare ta mission !

Remplis la fiche santé de ton super héros.

Nom : ....

Nom de code : ....

Il/elle mesure : ....

Il/elle pèse : ....

Vue* : point faible – normale – point fort

Ouïe* : point faible – normale – point fort

Odorat* : point faible – normal – point fort

*entoure la bonne réponse

vre de l'élève

p. 43

UNITÉ 6 PRÊTS ?

situations

Livre de l'élève
p. 44

1 Pour communiquer

Observe les dessins. Complète les bulles avec les étiquettes.

Pour la fête, je me déguise ....
....
une cape noire, deux grandes dents.
.... mon visage
....!

C'est super

Je mets

en vampire

en blanc

Je maquille

ton visage

C'est nul

Tu mets

Tu te déguises

.... une cape noire,
une robe noire. Tu maquilles ....
.... en vert. ....
en sorcière. ....!

Super club !!

Livre de l'élève
p. 44

2 Tu connais la récitation ?

Complète « 3, 2, 1, prêt ? ».

veste

chaussettes

ceinture

chaussures

pantalon

T-shirt

école

Je mets mon ....,

mes ....

Je mets mon ....,

ma ....

Je mets ma ....,

mes ....

3, 2, 1, prêts pour l' ....?

Zut ! C'est dimanche ! Vite au lit !

Tu enlèves tes ....,

ta ....

vre de l'élève

p. 45

3 **L'accord des adjectifs**

A. Observe les dessins puis complète avec le bon adjectif.

petit (x 2) – grand – petite – grande – petites – grandes

| *Hulk* | *La fée* | *Le prince* | *La princesse* |

1. Le pantalon de Hulk est . . . .

2. La robe de la fée est . . . .

3. Le pantalon du prince est . . . .

4. Le chapeau de la fée est . . . .

5. La cape du prince est . . . .

6. Les chaussures de la princesse sont . . . .

7. Les chaussures de Hulk sont . . . .

B. Colorie les dessins avec les couleurs de ton choix.
Puis complète les phrases avec les articles et les couleurs.

1. Hulk a *un* pantalon . . . . et des chaussures . . . .

2. La fée a . . . . robe . . . . et . . . . chaussettes

. . . .

3. Le prince a . . . .

4. La princesse a . . . .

C. Colorie les parties du cercle
avec le code de couleurs.
Puis classe les mots dans le cercle.

~~vertes~~   gentils   absent

prête   gentil   prêts   vert

absente   prêt   verte

gentille   verts   gentilles

absentes   absents   prêtes

Ø	−s
. . . .	. . . .
. . . .	. . . .
. . . .	. . . .
−e	**−es**
. . . .	*vertes*
. . . .	. . . .
. . . .	. . . .

Livre de l'élève

p. 45

③ Mon portrait

④ Les vêtements

Observe les dessins puis complète la grille.

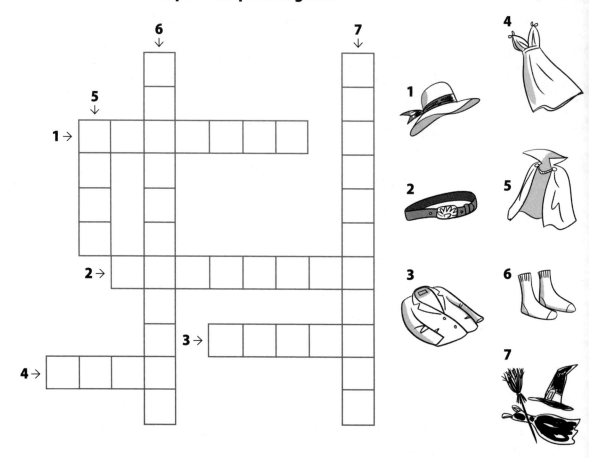

⑤ Les couleurs

Trouve la bonne couleur puis colorie.

1. eros ....

2. blcan ....

3. vetr ....

4. érod ....

5. oirn ....

6. onerag ....

7. rronma ....

8. ruoeg ....

Livre de l'élève

p. 46

⑥ AN ou EN ?

Complète avec « an », « am », « en » ou « em ».

1. Mon déguisem. . . .t de v. . . .pire est bl. . . .c ! Ce n'est pas amus. . . .t.

2. D. . . .s mon appartem. . . .t, il y a mes par. . . .ts et mes gr. . . .ds-par. . . .ts.

3. L'. . . .pereur a mal aux d. . . .ts et aux j. . . .bes.

4. Le petit v. . . .pire est g. . . .til mais pas le gr. . . .d v. . . .pire !

re de l'élève
p. 46

7 Lis !

○ ○ ○

Supprimer | Indésirable | Répondre | Rép. à tous | Réexpédier | Imprimer

De : Marina
À : Jasmine
Objet : invitation samedi et dimanche
_____

Bonjour Jasmine,
Je t'invite chez moi samedi et dimanche. Samedi,
il y a une fête «Princes et Princesses». Pour les filles,
il faut des vêtements roses et dorés. Pour les garçons,
il faut des vêtements bleus et noirs. Dans ton sac,
mets aussi des vêtements propres pour dimanche,
un pyjama* et des CD pour la musique !
Bisous
Marina

* vêtement pour dormir la nuit

Vrai (V) ou faux (F) ?

1. Jasmine invite Marina.   V / F

2. Il faut un déguisement de sorcier.   V / F

3. Il faut des vêtements bleus
et noirs pour les garçons.   V / F

4. Il faut des vêtements
rouges et dorés pour les filles.   V / F

5. C'est une fête avec
de la musique !   V / F

8 Écris !

Complète l'invitation. Choisis une proposition ou imagine.

INVITATION

Bonjour .... ,

Je t'invite chez moi samedi. Il y a une fête «............................»

(Super Héros/Clowns/Sorciers/Rouge). Il faut mettre ....

.... (une cape/des grandes chaussures/des lunettes/des vêtements rouges).

Dans ton sac, mets aussi .... (des CD/des jeux).

À samedi !

....

TA MISSION

Prépare ta mission !

1. Barre ce que tu ne mets pas dans ton sac pour aller chez un(e) ami(e).

un bulletin d'inscription – un pantalon – un oiseau – un T-shirt – un docteur –
un livre – un déguisement – des ciseaux

2. Écris la liste des vêtements que tu mets dans ton sac.

Je vais chez ....

Dans mon sac, je mets ....

....

....

ivre de l'élève
p. 47

1 Code secret

Décode le message de Youssou.
(Utilise le décodeur p. 48.)

QJW USVO5Q 5RQ 41W1 ?
729U59P* !

....

....

* = bravo

2 Devine !

Entoure les parties du corps et souligne les vêtements.

SAPPIEDREJUPECHANEZOUCHAUSSUREZPANTALONATMAINONOREILLE

3 Le jeu des erreurs

A. Pour chaque texte, barre les quatre erreurs.

1. C'est la visite médicale. Le docteur entre dans la classe. Max est présent.
Il faut des chaussettes à Léa. Youssou a mal à la bouche.

2. C'est la photo de classe. Le T-shirt de Max est nul. C'est un cadeau de sa mère.
Pour la fête, Manon se déguise en sorcière et Léa en vampire.

B. Recopie les deux textes sans les erreurs.

1. ....

....

....

....

2. ....

....

....

....

Bravo ! Tu es super rapide !

LA TENUE DE MON SUPER HÉROS 3

Pour t'aider à préparer ta présentation...

Livre de l'élève

 p. 49

Projet

1 La présentation de Youssou

Youssou prépare la présentation de son super héros. Observe !

💬 **Voici la présentation de Youssou :**

①　　　　　　　　　　　　②

Mon super héros s'appelle **Souyou**. Il porte un **T-shirt noir avec la lettre S blanche**.

③　　　　　④　　　　　⑤　　　　⑤

Il a **un pantalon marron** et **des chaussures de sport**. Il a **un point faible** : c'est **la vue**.

⑤　　　　　　⑥　　　　　　⑥

Il porte **des lunettes noires**. Il a **un point fort** : il peut **voler comme un oiseau**.

2 Fais comme Youssou, prépare ta présentation !

Complète les six cases.

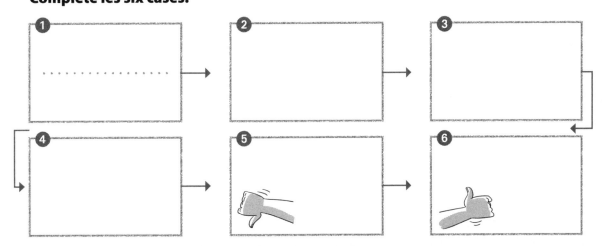

💬 Bravo ! Tu peux présenter ton super héros !

UNITÉ 7 J'AIME...

situations

Livre de l'élève

p. 54

1 Tu comprends?

Associe les bulles et les dessins.

J'adore les fruits.	Génial ! J'ai un message.	Aujourd'hui, c'est mon anniversaire.	Ce n'est pas bon pour la santé !	Maman, je peux manger ? J'ai faim !
1 •	2 •	3 •	4 •	5 •

a •   b •   c •   d •   e •

Super club !!

Livre de l'élève

p. 54

2 Tu connais la chanson?

Complète « Au supermarché ».

du chocolat

pas de coca

du poisson

des légumes

du lait

du pain

Au super, supermarché,
Tu ne veux rien oublier ?
Alors tu dois répéter !

 .... et des gâteaux

 .... et de l'eau

 ...., de la pizza

Des œufs,  ....

Du fromage et  .... !

Mais attention !

 ...., pas de bonbons !

vre de l'élève

 p. 55

3 **Les verbes «vouloir» et «pouvoir»**

Complète les verbes.

1. **Vouloir :** je veu......., tu veu......., il/elle veu......

2. **Pouvoir :** je peu......., tu peu......., il/elle peu......

4 **Conjugue!**

Complète avec les verbes entre parenthèses.

1. Il .... (vouloir) manger un bonbon mais il ne .... pas

   (pouvoir) : il a mal aux dents.

2. Je .... (vouloir) préparer une affiche. Je .... (pouvoir)

   dessiner un super héros ?

3. Tu .... (vouloir) une pomme ou une banane ?

4. Je ne comprends pas. Tu .... (pouvoir) m'aider ?

5 **Les partitifs «du», «de la», «de l'»**

A. Colorie les parties du cercle avec le code de couleurs.
Puis classe les mots dans le cercle.

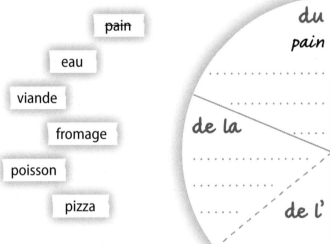

pain

eau

viande

fromage

poisson

pizza

B. Entoure la bonne réponse.

1. – Tu aimes *le / la / les* chocolat ?

   – Oui, j'aime aussi *le / la / les* fruits.

2. – Pour manger, il y a *du / de la / de l'* pizza et *du / de la / de l'* fromage.

   – Il y a *du / de la / de l'* pain, aussi ?

3. – *Le / La / Les* lait, c'est bon pour la santé ?

   – Oui, *le / la / l'* eau aussi.

4. Je peux boire *du / de la / de l'* eau, s'il te plaît ?

6 **Les aliments**

Super dico !
Livre de l'élève
p. 55

A. Observe les dessins puis trouve les sept mots cachés dans la grille (→ ou ↓).

A	B	C	B	D	E	F	F	G	H
I	J	K	O	L	M	N	R	O	L
V	I	A	N	D	E	P	O	Q	E
R	S	T	B	U	V	W	M	X	G
Y	C	H	O	C	O	L	A	T	U
Z	O	A	N	B	C	D	G	E	M
F	C	G	S	H	I	J	E	K	E
P	A	I	N	L	M	N	O	P	S

B. Barre l'erreur. Puis écris le mot ou la phrase correcte.

1.
Pour faire une salade de fruits, il faut :

✔ des bananes   ✔ de la viande

✔ des fraises   ✔ des oranges

→ ....

....

....

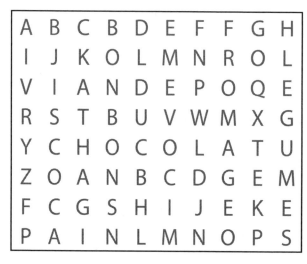

2.
J'adore les œufs !

→ ....

....

....

3.

→ ....

....

Un bon chapeau au chocolat !

....

7 **É ou EU ?**

Super sons !
Livre de l'élève
p. 56

Classe les mots sous le bon geste.

deux
Léa
peux
des
santé
yeux
bleus

É	EU
....	....
....	....
....	....
....	....

Coin lecture !

vre de l'élève
p. 56

8 **Lis !**

Pour ta santé, mange équilibré !
Voici les bonnes idées de madame Bonappétit.

Sur un plateau équilibré, il faut 5 éléments :

1 de l'eau

2 de la viande
ou
du poisson
ou
des œufs

3 des légumes

4 du lait
ou
du fromage
ou
un yaourt

5 un fruit

Et, si tu veux, un peu de pain...

Bon appétit !

Lis l'affiche puis observe les plateaux.
Entoure en vert les deux plateaux équilibrés.

Plateau n° 1 Plateau n° 2 Plateau n° 3 Plateau n° 4

9 **Écris !**

Qu'est-ce que tu aimes manger et boire ? Qu'est-ce que tu détestes ?
Complète les phrases.

J'aime ....

Je déteste ....

Prépare ta mission !

Observe l'affiche de madame Bonappétit.
Écris un menu équilibré.

≈ Menu ≈

1. ....
2. ....
3. ....
4. ....
5. ....

vre de l'élève
p. 57

8 C'EST LA FÊTE !

Livre de l'élève
p. 58

1 Tu comprends ?

A. Tu organises une fête. Remets les phrases dans l'ordre.

1. J'invite mes amis.

2. Je choisis la date de la fête.

3. Je prépare un programme.

4. Je parle avec mes parents.

5. J'achète à boire et à manger.

1. ....

2. ....

3. ....

4. ....

5. ....

B. Écris la phrase sous le bon dessin.

Le match de football est à 9 heures. – Mon anniversaire, c'est le 5 janvier. –
Le film est à 15 heures. – La fête est le 21 juin.

2. ....

....

1. ....

....

3. ....

....

4. ....

....

Livre de l'élève
p. 59

2 Tu connais les verbes ?

Complète les verbes.

1. Devoir : je doi........, tu doi........, il/elle/on doi........

2. Vouloir : je veu........, tu veu........, il/elle/on veu........

3. Être : je ...., tu ...., il/elle/on ....

③ Conjugue !

Complète avec le verbe « devoir ».

1. Je . . . . préparer une invitation.

2. Elle . . . . dessiner un super héros.

3. Tu . . . . chanter une chanson.

4. Il . . . . inviter sa grand-mère.

④ Le sujet « on »

Complète les phrases.

Exemple : J'ai un chat. Tu as un chat. → On a un chat.

1. Je dessine un chien. Tu dessines un chien → On . . . . un chien.

2. Je peux parler français. Tu peux parler français. → On . . . . parler français.

3. Je chante une chanson. Tu chantes une chanson. → On . . . . une chanson.

4. Je dois écrire une lettre. Tu dois écrire une lettre. → On . . . . écrire une lettre.

5. J'aime le poisson. Tu aimes le poisson. → On . . . . le poisson.

⑤ Révise !

A. Complète la grille avec les verbes conjugués.

1. Tu (être)

2. Il (vouloir)

3. Tu (avoir)

4. Je (mesurer)

5. Elle (parler)

6. Tu (écouter)

7. On (détester)

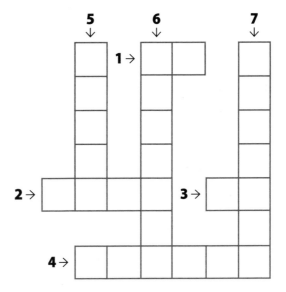

B. Complète avec « il faut » ou « il y a ».

1. Dans mon jardin, ... des lapins.

2. C'est la fête ! . . . . chanter !

3. . . . . compléter le bulletin d'inscription.

4. . . . . des livres dans mon cartable.

5. . . . . manger équilibré.

6 Les jours de la semaine

Trouve le jour correspondant.

| la **Lun**e | **Mar**s | **Mer**cure | **Ju**piter | **Vén**us | **Sa**turne |

lundi ....

Et le 7ᵉ jour de la semaine ? C'est ....

7 Les mois de l'année

Complète les listes.

Les mois de 30 jours : *avril,* ...., ..., ...

Les mois de 31 jours : *janvier,* ...., ..., ...,

........................, ..., ...

Et le mois de 28 ou 29 jours ? *C'est* ....

8 Les dates

Regarde un calendrier de cette année. Écris les dates en entier.

Exemple : 03 / 11 → le mercredi 3 novembre

1. 18 / 08 → ....

2. 31 / 01 → ....

3. 25 /12 → ....

4. 07 / 03 → ....

5. 14 / 07 → ....

9 E ou EU ?

Complète avec « eu », « eux » ou « œu ».

1. Ma s . . . . r n'a pas mal au c . . . . r.

2. Je p . . . . si je v . . . . .

3. Mathieu a des chev . . . . x sur la tête.

vre de l'élève
p. 60

10 Lis !

> Salut Lisa,
>
> Je t'invite chez moi mercredi à 15 heures. C'est ma fête d'anniversaire. Tu peux inviter un(e) ami(e).
> Au programme : un magicien, un concours de chansons, des jeux ! Tu peux venir ?
> Bisous
> Sam

Vrai, faux ou on ne sait pas ?

1. C'est l'anniversaire de Sam.   V / F / ?

2. C'est samedi à 15 heures.   V / F / ?

3. Lisa invite un(e) ami(e).   V / F / ?

4. Il y a un magicien au programme.   V / F / ?

5. Lisa peut venir.   V / F / ?

11 Écris !

Tu invites un ami à l'anniversaire de Sam. Écris l'invitation.

> Salut .... ,
>
> Je ....
> ....
> ....
> ....

TA MISSION

vre de l'élève
p. 61

Prépare ta mission !

Prépare le programme de la fête de ton école.

1. Cherche deux idées pour la fête de l'école : ajoute deux questions au questionnaire.

2. Interroge trois camarades.

3. Utilise les résultats du questionnaire pour écrire ton programme.

Fête de l'école — Questionnaire	Oui	Non
Tu veux chanter ?		
Tu veux réciter des poésies ?		
Tu veux présenter ton super héros ?		
Tu veux manger ?		
Tu veux boire ?		
.... ?		
.... ?		

4 **Mes goûts**

1 Au supermarché

Regarde la liste et le sac de courses.
Dans la liste, barre les aliments achetés. Dans le sac, dessine ce qui manque.

Liste des courses :
- viande
- lait
- œufs
- fromage
- légumes
- fruits
- pain
- eau

2 C'est...

Réponds aux devinettes.

1. C'est un garçon. Il porte des lunettes. On ne connaît pas le nom de son super héros.

C'est ....

2. C'est un animal de la famille des souris. *C'est* ....

3. C'est le point faible de Léa. *C'est* ....

3 L'intrus

Barre un mot ou un groupe de mots.

1. du fromage – du lait – du chocolat – du pain

2. tu peux – tu as – il regarde – tu es

3. février – septembre – jeudi – mai

4. janvier – juin – juillet – novembre

5. mauvais – beau – super – bon

Bravo ! Tu es super rapide !

LE MOBILE DES GOÛTS

4

À TOI !!

Pour t'aider à préparer ta présentation...

Livre de l'élève

p. 63

1 La présentation de Léa

Léa prépare la présentation des goûts de son super héros. Observe !

💬 **Voici la présentation de Léa :**

      ❶   **❷**   **❸**   **❹**

C'est **une fille**. Elle s'appelle **Shakiléa**. Elle **aime les fruits**. Elle **déteste la viande**.

      ❺   **❻**

Elle **adore le lait**. Elle **ne doit pas manger d'œufs**, comme madame Lafleur.

2 Fais comme Léa, prépare ta présentation !

Complète les six cases.

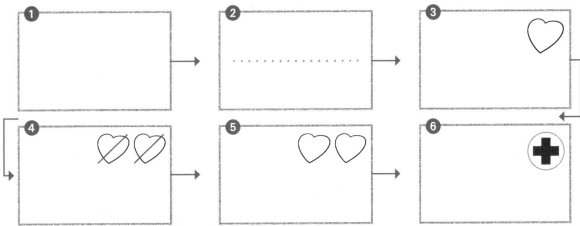

💬 Bravo ! Tu peux présenter le mobile des goûts de ton super héros !

 Livre
de l'élève

p.66-6?

1 **Présente le super héros de Max.**

*adore – appartement – tante – rat (x 2) – T-shirt – pantalon – chaussures – point fort – cape –
fruits – super héros – déteste – point faible – bandeau – viande – fils unique – oncle – dix ans*

Le .... de Max s'appelle X9M. Il a

.... Il habite dans un .... avec

son .... et sa ....

Il est .... Il a un ....

Il parle anglais et français avec son .... Il porte un

.... rouge avec un S et un H, un .... bleu,

des .... rouges, une .... bleue

et un .... bleu. Il a un .... :

il peut calculer très vite. Il a un .... mais c'est un secret !

Il .... les .... mais

il .... la ....

2 **Entoure la bonne réponse.**

1. Dans la *trousse* / *classe*, il y a une fête.

2. Manon peut manger une *banane* / *maison*.

3. Thomas *montre* / *s'appelle* Max.

4. Max a une *vue* / *cape* bleue.

3 **Décode le message de Max.** (Utilise le décodeur p. 48.)

9P S50VIS Y5R 9XIR ! 7'5RQ 4IWI !

....

À ton tour, écris un message avec le code.

....

....

Message décodé : ....

....

4 **Où est Max ?**

Observe les indices puis choisis la bonne réponse.

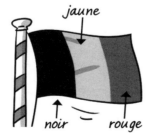

jaune

noir *rouge*

On parle français, néerlandais et allemand.

Dans *Super Max 2*, Max n'est pas en France…
Il est en :

1. Italie.   2. Belgique.   3. Allemagne.

DÉCODEUR

A	→	9
B		8
C		7
D		6
E		5
F		4
G		3
H		2
I		1
J		0
K		Z
L		Y
M		X
N		W
O		V
P		U
Q		T
R		S

S	→	R
T		Q
U		P
V		O
W		N
X		M
Y		L
Z		K
0		J
1		I
2		H
3		G
4		F
5		E
6		D
7		C
8		B
9		A

Achevé d'imprimer en Italie par Rotolito Lombarda
Dépôt légal : Mai 2010 - Edition n°02 - Collection n°15
1556513